Markus Kammermeier

Formen der Kollaboration in einem MMORPG am Beispiel World of Warcraft

GRIN Verlag

Bibliografische Information der Deutschen Nationalbibliothek:

Die Deutsche Bibliothek verzeichnet diese Publikation in der Deutschen National-
bibliografie; detaillierte bibliografische Daten sind im Internet über http://dnb.d-
nb.de/ abrufbar.

Impressum:

Copyright © 2009 GRIN Verlag, Open Publishing GmbH
Druck und Bindung: Books on Demand GmbH, Norderstedt Germany
ISBN: 978-3-640-73401-6

Dieses Buch bei GRIN:

http://www.grin.com/de/e-book/157148/formen-der-kollaboration-in-einem-
mmorpg-am-beispiel-world-of-warcraft

GRIN - Your knowledge has value

Der GRIN Verlag publiziert seit 1998 wissenschaftliche Arbeiten von Studenten, Hochschullehrern und anderen Akademikern als eBook und gedrucktes Buch. Die Verlagswebsite www.grin.com ist die ideale Plattform zur Veröffentlichung von Hausarbeiten, Abschlussarbeiten, wissenschaftlichen Aufsätzen, Dissertationen und Fachbüchern.

Besuchen Sie uns im Internet:

http://www.grin.com/

http://www.facebook.com/grincom

http://www.twitter.com/grin_com

Fachhochschule Deggendorf

Fachbereich Betriebswirtschaft

(Master-Studiengang Wirtschaftsinformatik)

Formen der Kollaboration in einem MMORPG am Beispiel World of Warcraft.

Studienarbeit in der Vorlesung Kollaborative Systeme

Vorgelegt von:

Markus Kammermeier,
am 31. Mai 2009

Inhaltsverzeichnis

Darstellungsverzeichnis

Abkürzungsverzeichnis

AFK	Away from Keyboard
CSCP	Computer Supported Collaborative Play
CSCW	Computer Supported Cooperative Work
CVE	Collaborative Virtual Environment
d.h.	das heißt
Darst.	Darstellung
GI	Gesellschaft für Informatik
IuK-Technologien	Informations- und Kommunikationstechnologien
max.	maximal
MMORPG	Massive Multiplayer Online Role Playing Game
MUD	Multi User Dungeons
NPC	Nicht-Spieler-Charakter
PvP	Player-vs-Player
RP	Roleplay
WOW	World of Warcraft
z.B.	zum Beispiel

Management Summary

In dieser Arbeit wird das Online-Computerrollenspiel „World of Warcraft" als Software für die Kollaboration (Groupware) beschrieben. Basis für die Einordnung des Spiels als Groupware ist das Modell der Fachgruppe CSCW der Gesellschaft für Informatik. Anhand des Modells wird gezeigt, dass das Spiel alle Anforderungen, die auch an eine Businessapplikation gestellt werden, abdeckt.

Im Hauptteil der Arbeit werden die Werkzeuge zur Zusammenarbeit der Spieler in „World of Warcraft" beschrieben und in den verschiedenen Klassen zur Unterstützung der Kollaboration zugeordnet. Ferner wird die Motivation der Spieler in „World of Warcraft" untersucht und auf die Motivation bei der Benutzung von Kollaborationswerkzeugen im Geschäftsleben übertragen.

Ziel der Arbeit ist die Übertragung der Beobachtungen auf Businessapplikationen. Dabei können zum einen Ideen für die bessere Integration verschiedener Werkzeuge in einer Oberfläche gewonnen werden. Zum anderen kann die Spielerfahrung helfen, Anwender bei der Nutzung von Software zur Kollaboration zu motivieren.

1 Einleitung

1.1 Motivation

Das Computerspiel World of Warcraft (kurz WOW) ist seit seinem Erscheinen 2004 das erfolgreichste Massive Multiplayer Online Roleplaying Game (kurz MMORPG):

- Aktuell spielen mehr als 11,5 Millionen Spieler weltweit [Bli08]
- Zu Spitzenzeiten spielen mehr als 1 Million Spieler gleichzeitig
- Mehr als 4 Millionen verkaufte Exemplare der letzten Erweiterung [Bli08]
- Die Firma Activision Blizzard Inc. hatte in 2008 einen Umsatz von 3 Milliarden US-Dollar
- 58% Marktanteil in Europa und Nordamerika
- Ein durchschnittlicher Spieler investiert 23 Stunden pro Woche [Hag09]
- Eine Suche nach „World of Warcraft" bei Google liefert mehr als 65 Millionen Treffer

Die Spieler in WOW treten miteinander den Kampf gegen andere Spieler oder computergesteuerte Monster in einer virtuellen Welt an. Dabei werden kurzfristig Gruppen mit 40 Spielern und mehr gebildet. Gleichzeitig organisieren sich die Spieler in Gilden und bilden dort soziale Systeme, die an die Organisation in Unternehmen erinnern. Dabei werden täglich Tausende Güter und Waren gehandelt.

Offensichtlich besteht für die Spieler eine hohe Motivation, sich zu organisieren und gemeinsam an der Erreichung ihrer Ziele zu arbeiten. Der Hersteller Blizzard stellt hierfür ausgereifte Werkzeuge zur Kommunikation und Kollaboration in und außerhalb der virtuellen Welt bereit.

Neben der Frage, wie das Spiel die Akteure zur Zusammenarbeit motiviert, verdient auch die Bereitstellung der verschiedenen Kollaborationswerkzeuge unsere Aufmerksamkeit. Können sich Unternehmen von World of Warcraft als Plattform zur Kollaboration inspirieren lassen?

1.2 Überblick über die Arbeit

Im ersten Teil der Arbeit werden grundlegende Begriffe aus dem Fachgebiet Computer Supported Collaborative Work (kurz CSCW) und MMORPG erläutert. Im Anschluss wird das Computerspiel World of Warcraft (kurz WOW) mithilfe des Klassifikationsmodells der Gesellschaft für Informatik (kurz GI) als System zu Zusammenarbeit – Groupware – eingeordnet.

In den folgenden beiden Kapiteln werden Hintergründe zur Welt von WOW dargestellt und die einzelnen Werkzeuge zur Kollaboration und Kommunikation detailliert beschrieben.

Abschließend wird versucht, die Erkenntnisse auf die Zusammenarbeit im Geschäftsleben zu übertragen.

1.3 Zielbeschreibung

Das erste Ziel dieser Arbeit ist die Einordnung von WOW als Software für die Zusammenarbeit – kurz Groupware. Ferner soll kurz auf die verschiedenen Aspekte der Motivation der Spieler eingegangen werden.

Hierfür werden die Kollaborationswerkzeuge innerhalb der virtuellen Welt von WOW beschrieben und klassifiziert.

Als Ergebnis dieser Betrachtung sollen Anstöße für die Zusammenarbeit im Unternehmen aufgezeigt werden.

2 Begriffsklärung

2.1 Grundlegende Konzepte

Die Klärung der grundlegenden Konzepte der CSCW basiert auf Zitaten der [Fac09] und [Gro07] .

2.1.1 Computer Supported Cooperative Work

Unter "Computer-Supported Cooperative Work" (kurz CSCW) versteht man das (relativ junge) Forschungsgebiet hinter dem Einsatz von Software zur Unterstützung von Zusammenarbeit (Collaboration), das Einflüsse aus den Forschungsgebieten Organisations- und Führungslehre, Psychologie, Informatik, Soziologie, u.a. zusammenfasst. Es wird untersucht, wie Personen in Arbeitsgruppen oder Teams zusammenarbeiten und wie sie dabei durch den Einsatz von Informations- und Kommunikationstechnologie unterstützt werden können.

2.1.2 Kollaboration

In der Fachliteratur und in diversen Publikationen existiert eine Vielzahl an Begriffsdefinitionen, was es schwierig macht, eine einheitliche Diskussionsgrundlage zu finden.

In dieser Arbeit verstehen wir unter Kollaboration die Zusammenarbeit von mehreren Personen in einer Gruppe mit einem gemeinsamen Ziel. Von einer Gruppe spricht man, wenn zwei oder mehrere Personen interagieren und dabei eine gegenseitige Beeinflussung stattfindet.

2.1.3 Groupware

In dieser Arbeit ist Groupware definiert als Software zur Unterstützung der Zusammenarbeit von Teams mit einem gemeinsamen Ziel.

Eine Groupware setzt sich dabei in der Regel aus vielen verschiedenen Werkzeugen zusammen und kombiniert diese unter einer einheitlichen Oberfläche.

2.1.4 Communities

Außerdem definieren wir hier eine Community als eine Gruppe von Personen mit gemeinsamen Interessen und Zielen.

2.2 Massive Multiplayer Online Role Playing Game

2.2.1 Definition

Die folgende Definition eines Massive Multiplayer Online Role Playing Game (kurz MMORPG) ist angelehnt an [Wik09] und [Fil03] : Ein MMORPG ist ein ausschließlich über das Internet spielbares Computer-Rollenspiel, bei dem gleichzeitig mehrere Tausend Spieler eine persistente virtuelle Welt bevölkern können. Die eigentliche Spielwelt und die „Avatar" genannten Spielfiguren der Spieler werden auf Servern verwaltet. Der Spieler verbindet sich typischerweise über ein Clientprogramm mit dem Server. Der Client enthält üblicherweise nur die Daten zur Darstellung der Spielwelt (Grafik, Objekte, Musik, ...), während die Spielmechanik auf dem Server verwaltet und verarbeitet wird.

Nach [Sei06] ist eine persistente Spielwelt durch zwei Eigenschaften gekennzeichnet:

- Die Zeit im Spiel läuft auch nach dem Verlassen weiter und
- Die Handlungen haben nachhaltige Auswirkungen und können nicht zurückgenommen werden.

Prominente Vertreter dieses Genre sind „Everquest" (von Sony Online Entertainment), „Dark Age of Camelot" (von Mythic) und „World of Warcraft" (von Activision Blizzard).

2.2.2 Geschichte

MMORPG haben ihren Ursprung Ende der 70er Jahre in Form der „Multi User Dungeons" (kurz MUD). Bei diesen Spielen wurde die Welt und Geschichte via Text über eine Terminalanwendung vermittelt. Die einzelnen Spieler konnten sich auf einem zentralen Rechner anmelden und über Tastaturkommandos Einfluss auf das Spielgeschehen nehmen.

In den 90er Jahren erschienen die ersten grafischen MMOPRGs, bei denen mehrere Hundert Spieler miteinander interagieren konnten. Dabei markierte 1997 „Ultima Online" den Prototyp für heutige Spiele dieser Art.

Um die Jahrtausendwende erschienen mit „Everquest" und „Asherons Call" die ersten modernen Titel, die vollständig auf eine dreidimensionale, animierte Darstellung aufbauten. Moderne Grafikhardware und die Verbreitung von schnellen Internetzugängen ermöglichten es, dass die Grafikpracht von Onlinespielen immer mehr den Offlinespielen ähnelte. Mit dem Erscheinen von „Dark Age of Camelot" in 2001 wurde das Genre endgültig massentauglich. Über mehrere Jahre hielt sich die Zahl der Abonnenten bei fast 250.000 [MMO09] .

Die aktuelle Generation wurde 2004 durch das Erscheinen von „Everquest II" und „World of Warcraft" eingeläutet. Diese Spiele brachten weitere Verbesserungen im Bereich Grafik, Komplexität und Spielspaß.

Heute dominiert die Firma Activision-Blizzard mit „World of Warcraft" und 11,5 Millionen Abonnenten den Markt. Der Umfang und das Geschäftsmodell der verschiedenen Titel näheren sich allerdings immer weiter an.

3   MMORPG als CSCW am Beispiel World of Warcraft

Im Folgenden wird die Klassifizierung des MMORPG World of Warcraft als Software für die computergestützte Zusammenarbeit anhand des Modells von [Gro07]   (siehe Darst. 3-1) vorgenommen. Dabei werden den verschiedenen Konzepten von oben nach unten Spielelemente von WOW zugeordnet. Der Fokus in dieser Arbeit liegt auf den verschiedenen Werkzeugen für die Kollaboration in der untersten Ebene (siehe Kapitel 5).

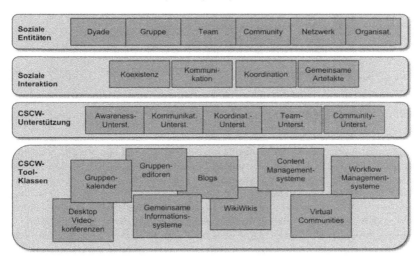

Darst. 3-1: CSCW-Klassifizierung[1]

3.1   Soziale Entitäten

„Soziale Entitäten sind Konstellationen, welche sich zwischen Benutzerinnen und Benutzern ergeben können" [Gro07] . Je nach Größe, Zweck und Organisationsform finden wir in WOW Entsprechungen für die verschiedenen Ausprägungen:

Entität	Kernmerkmale	Ausprägung in WOW
Dyade	Sonderform der Gruppe mit zwei Teilnehmern.	Insbesondere beim Handel zwischen zwei Spielern.
Gruppe	Mehrere Personen mit der Möglichkeit zur Interaktion.	Jede Ansammlung von Spielern.
Team	Gruppe mit einem gemeinsamen Ziel.	Gruppe (max. 5 Mitglieder) oder Schlachtzug (max. 40 Mitglieder).

---

[1] Quelle: [Gro07]

Community	Personen mit gemeinsamen Interessen, Ideen und Vorstellungen.	Gesamtheit der Spieler von WOW; konkrete Ausprägung im Kleinen in Gilden/Clans.
Netzwerk	Lose gekoppelte Arrangements, welche manchmal nur informell existieren.	Soziale Kontakte; insb. Freundesliste.
Organisation	Dauerhafter Zusammenschluss von Personen mit einem gemeinsamen Ziel und einer formalen Struktur.	Gilden

Darst. 3-2: Soziale Entitäten[2]

Darst. 3-2 zeigt uns, dass wir auch bei einem MMORPG alle Akteure einer CSCW-Lösung im klassischen Sinne wiederfinden.

3.2 Soziale Interaktion

Bei der Interaktion sind Kommunikation, Koordination, Kooperation und Koexistenz zu betrachten. Die Kommunikation spielt dabei eine zentrale Rolle, da andere Interaktionen von ihr abhängig sind. Sie ist Vorbedingung für Koordination und Kooperation. In jedem CSCW-System – ebenso in einem MMORPG – spielt die Unterstützung der Kommunikation eine zentrale Rolle. Dabei kann Kommunikation auf vielfältige Weise geschehen: schriftliche Kommunikation (asynchron durch E-Mails oder synchron durch Chats), mündliche Kommunikation (VoiceChat) oder die Beobachtung des Verhaltens. WOW bietet Unterstützung für all diese Kommunikationsformen. Dabei wird sowohl die kurzfristige und spontane Koordination in Gruppen, als auch die langfristige Koordination in Organisationen (Gilden) unterstützt. Die entsprechenden Werkzeuge werden in Kapitel 5 ausführlich behandelt.

Grundlage für die Kommunikation ist die Koexistenz und die gegenseitige Wahrnehmung der anderen Akteure. Im Bereich der CSCS-Forschung spricht man in diesem Zusammenhang von Awareness: „Unter Awareness versteht man die gegenseitige Information für Akteure übereinander" [Gro07] . In einem MMORPG wie World of Warcraft ist dieser Punkt von entscheidender Bedeutung: Die Akteure bewegen sich in einer virtuellen, grafisch dargestellten Welt. Es ist somit Aufgabe der grafischen Darstellung, den einzelnen Akteuren ein Bild von ihrer Umgebung und anderen Teilnehmern zu generieren. Gleichzeitig muss der Server die verschiedenen Aktionen der Akteure verarbeiten und die Wahrnehmung jedes einzelnen Teilnehmers aktualisieren. Darüber hinaus vermittelt die Oberfläche dem Spieler Detailinformationen über den Gegenüber, wie z.B. Statusinformationen über den Avatar. Konkrete Werkzeuge für die Unterstützung der Awareness werden in Kapitel 5.1 beschrieben.

3.3 CSCW-Unterstützung

Werkzeuge für die CSCW-Unterstützung können in verschiedene Typen einsortiert werden. Die Klassifizierung aus Darst. 3-1 bildet in dieser Arbeit die Grundlage für die Analyse der verschiedenen Werkzeuge in WOW.

---

[2] Quelle: eigene Darstellung

In diesem Kapitel wurde dargestellt, wie ein MMORPG wie World of Warcraft alle Aspekte einer CSCW-Lösung erfüllt. Da es sich beim Spielen nicht um Arbeit im eigentlichen Sinne handelt, könnte man diese Art von Software auch als Computer Supported Collaborative Play (kurz CSCP) bezeichnen (siehe auch [Pot07]). Der Begriff verdeutlicht den Zusammenhang von klassischen CSCW-Lösungen für das Geschäftsleben und Onlinespielen für die Unterhaltung.

Zur Einordnung von MMORPGs als Forschungsgegenstand der CSCW sei auch auf folgende Quellen verwiesen:

- „Multiversen - Hype or Hope for CSCW?" [Oli08]
- „CSCW at play: 'There' as a collaborative virtual environment" [Bro09]

4   World of Warcraft als MMORPG

4.1   Welt und Akteure

World of Warcraft spielt in der Fantasywelt „Azeroth", die auch schon Schauplatz für frühere Spiele der Warcraft-Serie war. Die Welt Azeroth ist aufgeteilt in die Kontinente „Nordend", „Kalimdor" und „Östliche Königreiche" (siehe Darst. 4-1). Auf Azeroth liefern sich die beiden Fraktionen „Allianz" und „Horde" einen erbitterten Kampf um die Vorherrschaft. Die Fraktion der Allianz wird aus den Völkern der Menschen, Zwergen, Gnome, Nachtelfen und Draenei gebildet. Auf der Seite der Horde kämpfen Orcs, Untote, Tauren, Trolle und Blutelfen.

Darst. 4-1: Die Welt von World of Warcraft[3]

---

[3] Quelle: [Act09]

Zu Beginn muss sich der Spieler für ein Volk und eine Klasse entscheiden. Die Klasse eines Spielers legt die grundlegenden Fähigkeiten, das Aussehen und die mögliche Weiterentwicklung seines Avatars fest. Die Wahl der Klasse ist abhängig von der Entscheidung für eine Fraktion und ein Volk. Mögliche Klassen sind z.B. Krieger, Magier, Jäger, Schurke, etc.

Durch die Wahl der Klasse und die spätere Entwicklung des Charakters werden drei grundlegende Charaktertypen für das Gruppenspiel ausgeprägt:

- Tank: Charakter mit viel Lebenskraft und hoher Schadensresistenz
- Damage Dealer: Charakter mit hohem Angriffswert und meist geringer Lebenskraft
- Healer: Charakter mit der Fähigkeit andere Gruppenmitglieder zu heilen

Das Zusammenspiel der einzelnen Typen wird in Kapitel 4.4 genauer beschrieben.

Die Spieler nehmen die Welt und die anderen Akteure durch eine grafische Oberfläche wahr, die direkten (Drucktasten oder Menüs) oder indirekten (Benutzung von Spielelementen) Zugang zu allen Funktionen gewährt (siehe Darst. 4-2).

Darst. 4-2: Interface von WOW[4]

Die Akteure der virtuellen und persistenten Welt sind entweder die Charaktere menschlicher Spieler oder computergesteuerte Charaktere (Nicht-Spieler-Charakter, kurz NPC). NPCs treten in Form von freundlichen (z.B. Händler) oder feindlichen Charakteren (z.B. Wildtiere) auf.

---

[4] Quelle: [Act09]

4.2 Technik

WOW basiert wie die meisten heutigen MMORPGs auf der Client-Server-Technologie. Das heißt die Daten für die grafische Darstellung der Spielwelt und Charaktere liegen auf dem Rechner des Anwenders. Führt der Spieler eine Aktion aus, werden diese Informationen an den Server übermittelt. Der Server sendet das Resultat der Aktion an den Spieler und übermittelt die Änderungen der virtuellen Welt auch an andere Akteure in seinem Umfeld.

Die Serverlandschaft gliedert sich in spezialisierte Server für bestimmte Aufgaben (z.B. Anmeldeserver) und „Realms". Ein Realm ist eine eigenständige Instanz der Spielwelt, wobei Spieler eines Realms nicht mehr Spielern eines anderen Realm in Kontakt treten können. Ein Realm wird physikalisch wieder auf mehrere Server verteilt. Dabei ist jeweils ein Server für einen bestimmten Teil der Welt zuständig.

Details zur technischen Realisierung werden durch den Hersteller streng gehütet.

Das Hosting der Server erfolgt durch Partner, die hohen Aufwand in die entsprechende Hardware investieren: Der Hoster „The9" verwendet hierfür 10 Supercomputer aus der Liste der Top500 [Com08] .

Zur automatischen Aktualisierung der Clientsoftware verwendet der Hersteller die Peer-to-Peer-Technologie. Das heißt jeder Anwender, der gerade ein Update herunterlädt, stellt gleichzeitig die Aktualisierung für andere Anwender bereit.

4.3 Spielziel

Bei jedem Spiel stellt sich die Frage nach dem Ziel des Spiels; Oder anders formuliert „welche Motivation haben die Spieler von Word of Warcraft?". Im Gegensatz zu klassischen Brettspielen oder Einzelspielercomputerspielen gibt es in WOW kein definiertes Ende. Es ist im Sinne des Betreibers, die Spieler möglichst lange an das Spiel zu binden, da jeder Spieler für die Nutzung der Server (in Europa als Abonnement monatlich) zahlt. Der Betreiber ist daher bemüht, das Spiel ständig durch neue Inhalte zu erweitern und die Spieler somit an sich zu binden.

Die Motivation der Spieler ist vielfältig und ändert sich im Laufe der Spielerfahrung (siehe auch [Sei06]):

-   Neugier:
    Erforschung der Welt, Fähigkeiten des eigenen Charakters, ...
-   Gemeinschaft / Community:
    Engagement in einer Gilde, Austausch von Erfahrungen, Freunde, ...
-   Wettkampf / Competition:
    Messen mit anderen Spielern (1:1 oder n:m)
-   Kooperation / Cooperation:
    Handel, gemeinsame Abenteuer, ...

Eine ähnliche Darstellung liefert auch der Bartle-Test, der Spieler nach einer Reihe von Fragestellungen in vier Archetypen klassifiziert: Archiever, Explorer, Socialiser und Killer. Der Test hat sich zu einem Standard bei der Klassifizierung von Onlinerollenspielern etabliert.

Grundvoraussetzung für die Spielteilnahme ist die souveräne Bedienung der Oberfläche (siehe oben). Die Grundlage für viele Aktionen ist jedoch die Weiterentwicklung des eigenen Charakters durch

Erfahrungspunkte bzw. Stufenaufstieg und neue Gegenstände bzw. Gold. So muss der Charakter bei der Erforschung neuer Gebiete über bestimmte Fähigkeiten verfügen, die Charakterstufe steigert den Stand in der Gilde und im Wettkampf können bessere Ergebnisse erzielt werden.

Das Sammeln von Erfahrungspunkten erfolgt hauptsächlich durch das Erfüllen von Aufgaben und den Kampf Spieler gegen Spieler (Player vs Player, kurz PvP). Neue Gegenstände erhält man ebenfalls durch das Erfüllen von Aufgaben, den Handel oder der eigene Herstellung („Crafting"). Darst. 4-3 gibt eine Übersicht die Charakterentwicklung.

Weiterentwicklung des eigenen Charakters durch...

- Erfahrungspunkte / Levelaufstieg
  → neue Fähigkeiten
- Gegenstände / Gold

Unterstützende Tätigkeiten:

- Erfüllung von Aufgaben (Quests)
- Kampf Spieler gegen Spieler (PvP)
- Herstellung von Gegenständen (Crafting)
- Tausch und Handel

Zielerreichung / Unterstützung durch...

- Gruppen (kurzfristig)
- Gilden (langfristig)

Darst. 4-3: Charakterentwicklung[5]

4.4 Förderung der Kollaboration

Wie oben beschrieben, fördert World of Warcraft die Zusammenarbeit der Spieler zur Erreichung der individuellen Ziele. Dies geschieht vorwiegend durch zwei Spielkonzepte:

4.4.1 Verschiedene Klassen

Die Charaktere lassen sich grundsätzlich in drei Typen einordnen: Kämpfer (Tank), Schaden (Damage Dealer) und Heiler (Healer oder Supporter). In einer erfolgreichen Gruppe sollten alle drei Typen vertreten sein:

- Der Kämpfer konzentriert die Angriffe der Feinde auf sich und versucht somit seine Kameraden zu schützen.
- Der Schaden-Macher kämpft aus der zweiten Reihe.
- Der Heiler überwacht das Geschehen und heilt seine Gruppenmitglieder wenn nötig.

Um die verschiedenen Aktionen kurzfristig in einem hektischen Kampf koordinieren zu können, ist schnelle und direkte Kommunikation nötig. Außerdem müssen die Spieler den Status ihrer Gruppenmitglieder überwachen (Awareness).

---

[5] Quelle: eigene Darstellung

4.4.2 Verschiedene Berufe

Jeder Charakter in World of Warcraft kann eine begrenzte Anzahl von Berufen erlernen. Die einzelnen Berufe ergänzen sich gegenseitig: Spieler sammeln Kräuter und andere brauen daraus Tränke, andere Spieler sammeln Pelze für Gerber und die anschließende Rüstungserstellung.

Die einzelnen Berufszweige sind aufeinander angewiesen und fördern somit den Handel. Zur Erfassung von Angebot und Nachfrage bietet die Oberfläche verschiedene Werkzeuge, wie spezielle Chat-Kanäle oder ein Auktionshaus.

5 Werkzeuge der Kollaboration / WOW als CSCW

Die folgende Klassifikation der Werkzeuge ist angelehnt an die Definition der Fachgruppe CSCW der Gesellschaft für Informatik (kurz GI); siehe auch Kapitel 0. In [Gro07] wird dieses Klassifikationsschema nach der Analyse weiterer Schemata wie zum Beispiel das „3-K Modell" erarbeitet.

5.1 Awareness-Unterstützung

Unter Awareness (engl. „Bewusstsein" oder „Gewahrsein") verstehen wir in diesem Kontext die Wahrnehmung der anderen Akteure. Dies umfasst Informationen über die anderen Akteure, über gemeinsame Artefakte und über die Umgebung. Die Awareness ist maßgebliche Voraussetzung für die effektive und effiziente Zusammenarbeit.

In WOW betrifft die Awareness u.a. die generelle Wahrnehmung und den Status (z.B. Lebensenergie) der anderen Charaktere. Diese Informationen sind wichtig für die Kommunikation und die Abstimmung der Gruppe in einem Kampf.

Die folgenden Werkzeuge unterstützen die Awareness in der virtuellen Welt:

- Die gesamte grafische Darstellung der virtuellen Welt und der anderen Charaktere.
- Die Statusanzeige anderer Spieler (z.B. Lebensenergie, Zauberenergie, ...).
- Eine Liste von bekannten Charakteren („Freunden") und deren Onlinestatus.
- Die Kennzeichnung „AFK" („away from keyboard") für inaktive Spieler.

5.2 Kommunikations-Unterstützung

Die Unterstützung der Kommunikation ist stark an die Wahrnehmung der anderen Charaktere (Awareness) gekoppelt. Die Kommunikation dient zum Austausch von Informationen und der Abstimmung innerhalb sozialer Entitäten.

Der Spieleclient für WOW bietet viele Möglichkeiten zur Kommunikation, wobei der Textchat einer der wichtigsten Werkzeuge hierfür ist. Er bietet die Möglichkeit zur direkten Kommunikation mit einem Gesprächspartner, aber auch die Möglichkeit zum Austausch vieler Teilnehmer. Hierfür werden vordefinierte Kanäle (z.B. „Gruppe", „Gilde", „Zone", ...) zur Verfügung gestellt, die um eigene Kanäle erweitert werden können. Die Sprache in WOW unterscheidet sich je nach Klassifizierung des Servers: Auf Servern von Typ „PvP" („Player-vs-Player") werden keine besonderen Regeln an die Kommunikation aufgestellt. Beim Typ „RP" („Roleplay") werden die Spieler aufgefordert, bei der Kommunikation in die Rolle ihres Charakters zu schlüpfen. Generell hat sich rund um WOW eine eigene Sprache mit vielen Abkürzungen und Kunstwörtern gebildet, die für Außenstehende kaum nachvollziehbar ist (z.B. mob – Monster; aggro – Aggression; etc.).

Neben dem Textchat bieten Client und Spielwelt folgende Werkzeuge für die Unterstützung der Kommunikation:

- Der Client bietet einen integrierten Voicechat für direkte Audiokommunikation.
- In der Spielwelt können an Briefkästen Briefe und Pakete verschickt werden.
- Die Spieler können über spezielle Kommandos ihre Avatare Gesten ausführen lassen (z.B. lachen oder tanzen) und so Gefühle ausdrücken.
- Die Spieler können das Aussehen der Avatare selbst gestalten und so ihrer virtuellen Identität Ausdruck verleihen.

5.3 Koordinations-Unterstützung

Bei der Koordination soll die Abhängigkeit zwischen Aktivitäten zur Erreichung einer gemeinsamen Ziels gesteuert werden. Laut [Gro07] lassen sich Abhängigkeiten in drei große Gruppen zusammenfassen:

- Erzeuger/Verbraucher-Abhängigkeiten
- Abhängigkeiten beim Zugriff auf knappe gemeinsame Ressourcen und
- Abhängigkeiten mit Gleichzeitigkeit.

Darst. 5-1 gibt einen Überblick über die verschiedenen Abhängigkeiten, allgemeine Beispiele und Lösungen in der Welt von WOW:

Abhängigkeit	Allgemeines Beispiel	Lösung in WOW
Erzeuger/Verbraucher- Abhängigkeiten	Benachrichtigung, Reihenfolgeplanung, Fortschrittsverfolgung	Indirekt über verschiedene Fähigkeiten und Taktik (Kommunikation)
Gemeinsame Ressourcen	First come/first serve, Marktmechanismus	Einstellungen zum Aufteilen der Beute in der Gruppe (teilen, plündern, ...); Öffentliches virtuelles Auktionshaus
Gleichzeitigkeit	Terminplanung, Synchronisation	Kalender, Warteschlange für spezielle Spielbereiche (Schlachtfelder)

Darst. 5-1: Koordinations-Unterstüztung[6]

---

[6] Quelle: eigene Darstellung

5.4 Team-Unterstützung

Bei der Team-Unterstützung aus Sicht der CSCW-Forschung geht es hauptsächlich um die Unterstützung der Arbeit an gemeinsamen Artefakten bzw. Dokumenten. Dies wird häufig durch Gruppeneditoren sowie Arbeitsbereiche oder Teamräume realisiert.

In der Welt von WOW ist ein gemeinsames Gruppenartefakt eine Aufgabe („Quest"), welche die Gruppe in der Regel von einem Nichtspielercharakter erhält. Für spezielle Aufgaben können Gruppen sich eigene Spielbereiche („Instanzen") öffnen lassen, in denen sie unabhängig von anderen Spielern ihre Aufgabe bearbeiten können. Meist handelt es sich dabei um das Bezwingen eines sehr starken Feindes.

Zur Unterstützung der Gruppenfindung bietet WOW eine virtuelle Kontaktbörse, in der sich Gruppenangebote und Gesuche finden. Außerdem finden die Spieler in der virtuellen Welt Sammelpunkte, um von dort direkt in das Abenteuer zu ziehen.

5.5 Community-Unterstützung

Communities werden in WOW vor allem durch das System der Gilden abgebildet (siehe 3.1). Gilden sind virtuelle Organisation mit teilweise starren Liniensystemen, in denen sich gleichgesinnte Spieler zusammenfinden. Ihre Größe kann mehrere Hundert Spieler umfassen.

Zur Unterstützung der Organisation und Kommunikation in der Gilde bietet WOW ein umfassendes System von Berechtigungen und Anreizen.

Für die gesamte Gemeinschaft der WOW-Spieler bietet der Hersteller regelmäßig Events in der virtuellen Welt an. Beispielsweise werden in der „Anglerwoche" fähige Angler mit besonderen Gegenständen belohnt.

5.6 Fazit Werkzeugunterstützung

Die virtuelle Welt von WOW bietet eine breite Palette von Werkzeugen zur Unterstützung der Kollaboration. Diese Werkzeuge sind alle zugänglich durch den Spieleclient und Objekte in der Spielewelt.

Aus Sicht des Autors gibt es heute keine Businessapplikation die derart viele verschiedene Werkzeuge unter einer einzigen Oberfläche vereint. Alle vorgestellten Werkzeuge unterstützen dabei die unter 4.3 vorgestellten vielfältigen Spielziele.

6 Aspekte der Kollaboration außerhalb von WOW

6.1 Kollaboration außerhalb der virtuellen Welt

Außerhalb der virtuellen Welt bietet der Hersteller auf seiner Internetpräsenz eine große Anzahl von Foren gegliedert in die Themengebiete von WOW.

Außerdem finden sich weitere Foren, Blogs, Tipps und Diskussion auf vielen Fanseiten und Gildenseiten im Internet.

Häufig finden Gildentreffen auch in der realen Welt statt und virtuelle Freundschaften werden zu realen Freundschaften.

6.2 Working Community

Der folgende Absatz basiert auf den Überlegungen von [Mül07] .

Eine heute gebräuchliche Organisationsform sind virtuelle Organisationen, d.h. Organisationsstrukturen auf Basis von IuK-Technologien[7]. Mitarbeiter in diesen Organisationen arbeiten auf Basis moderner Kommunikation verteilt gemeinsam an Projekten. Diese Mitarbeiter werden mehr oder weniger gezwungen, diese Formen der Kollaboration zu nutzen.

Anders verhält es sich bei den Teilnehmern von digitalen Spielen, wie z.B. World of Warcraft. Die Spieler nehmen freiwillig am Spielgeschehen Teil (intrinsische Motivation) und nutzen für ihre Zusammenarbeit sämtliche Möglichkeiten der virtuellen Welt.

Die Formen der Kommunikation und Kollaboration gleichen sich dabei in der Spielwelt und der Realität: Direkte Kommunikation, Abstimmung von Teams, Terminvereinbarungen, Aufbau von Hierarchien, etc. sind in beiden Welten notwendige Aufgaben. Basis dafür ist ebenfalls in beiden Welten der souveräne Umgang mit den angebotenen Werkzeugen. Vergleicht man die Werkzeuge zur Kommunikation am Arbeitsplatz (wie z.B. ein IP-Telefon) mit dem Interface der virtuellen Welt von WOW, muss das Beherrschen dieser komplexen Oberfläche durchaus als Fähigkeit anerkannt werden.

Neben diesen handwerklichen Fähigkeiten gibt es weitere Transferpotenziale in die Arbeitswelt:

- Community-Bildung und Clan-Management
- Wirtschaftsprozesse in virtuellen Strukturen
- Management-Skills bei „virtuellen" Mitarbeitern
- Kontinuierliche Problemlösung in virtuellen Teams
- Leadership- und Team-Fähigkeiten

All diese Fähigkeiten werden durch die virtuelle Welt von WOW gefördert und gleichzeitig von der Wirtschaft gefordert. Die Übertragung der im Spiel gemachten Erfahrungen in das Berufsleben ist somit durchaus wünschenswert.

Ferner können Hersteller von Software für die Kommunikation im Unternehmen bei der Zusammenstellung der Werkzeuge und der Bedienbarkeit von Computerspielen (insbesondere MMORPGs) lernen.

---

[7] Informations- und Kommunikationstechnologien

7 Ergebnisse und Perspektiven

Die vorliegende Arbeit hat gezeigt, dass man WOW mithilfe der Kriterien der CSCW-Gruppe der GI als Software für die Zusammenarbeit (Groupware) einordnen kann. Für alle Ebenen des Referenzmodells finden wir eine Entsprechung im Computerspiel. Die Vorstellung der verschiedenen Werkzeuge der Kollaboration in Kapitel 5 hat überdies gezeigt, dass es dem Hersteller Blizzard gelungen ist, eine breite Palette von Werkzeugen in einer einheitlichen Oberfläche zu vereinen und damit konsequent die Ziele der Spieler unterstützt.

Der Hersteller schafft es damit durch die verschiedenen Aspekte des Spiels hinweg die Motivation der Abonnenten hoch zu halten. Obwohl sich die Motivation der Spieler fortwährend verändert, werden alle Aspekte gleichermaßen gut durch Werkzeuge unterstützt: Sei es nun der Wunsch nach sozialer Interaktion oder der Wettbewerb mit anderen Spielern.

Bemerkenswert ist dabei, dass sich diese verschiedenen Werkzeuge in ihrer Bedienung nie widersprechen, wie wir es von vielen Businessapplikationen kennen. Vielmehr erscheint die ganze Anwendung „aus einem Guss", d.h. sie präsentiert sich mit einer einheitlichen Bedienung der Oberfläche.

Es ist also wünschenswert die gemachten Erfahrungen auch in Businessapplikationen, wie z.B. Groupwaresystemen in Unternehmen aufzugreifen: Dies betrifft zum einen die einheitliche Bedienung (Usability) zum anderen das spielerische Erzeugen von Motivation bei der virtuellen Zusammenarbeit.

Es ist Aufgabe der Wirtschaftsinformatik diese Aspekte zu betrachten und in zukünftigen Applikationen zu berücksichtigen. Das Ziel der Wirtschaftsinformatik ist dabei die Kollaboration in verteilten Organisationen durch den Einsatz von intelligenten Softwarewerkzeugen zu unterstützen und dabei auch den Anwender zu begeistern.

8 Literaturverzeichnis

[Act09]
World of Warcraft (2009).

[Bli08]
Blizzard. (23. 12 2008). *WORLD OF WARCRAFT® SUBSCRIBER BASE REACHES 11.5 MILLION WORLDWIDE.* Abgerufen am 05. 04 2009 von http://www.blizzard.com/us/press/081121.html

[Bro09]
Brown, B., & Bell, M. (kein Datum). *University of Glasgow.* Abgerufen am 01. 05 2009 von CSCW at play: 'There' as a collaborative virtual environment: http://communication.ucsd.edu/barry/papers/playcscw.pdf

[Com08]
Computerbild Spiele. (19. 11 2008). *Computerbild Spiele.* Abgerufen am 10. 05 2009 von http://www.computerbild.de/artikel/cbs-News-World-of-Warcraft-WoW-China-Supercomputer-The9-3661364.html

[Fac09]
Fachgruppe CSCW der GI. (10. 05 2009). *Fachgruppe Computer-Supported Cooperative Work (CSCW).* Abgerufen am 10. 05 2009 von http://wwwfgcscw.in.tum.de/index.html

[Fil03]
Filiciak, M. (2003). Hyperidentities. In M. J. Wolf, & B. Perron, *The video game theory reader* (S. 87-102). New York: Routledge.

[Gro07]
Gross, T., & Koch, M. (2007). *Computer-Supported Cooperative Work.* München: Oldenbourg Wissenschaftsverlag GmbH.

[Hag09]
Hagel, J., & Brown, J. S. (15. 1 2009). How World of Warcraft Promotes Innovation . *Business Week Online* , 11.

[MMO09]
MMOGCHART.COM. (10. 05 2009). *MMOGCHART.* Abgerufen am 10. 05 2009 von http://www.mmogchart.com/Chart2.html

[Mül08]
Müller, N. S. (2008). Assistenten, Puppenspieler und fiktive Personen - Teilnehmer und Formen der Kooperation in Online-Rollenspielen. In C. Stegbauer, & M. Jäckel, *Social Software: Formen der Kooperation in computerbasierten Netzwerken* (S. 195-215). Wiesbaden: VS Verlag für Sozialwissenschaften.

[Mül07]
Müller-Lietzkow, J. (2007). Von der Gaming zur Working Community: Was können virtuelle Arbeitsorganisationseinheiten von Computerspielgemeinschaften lernen? In S. Kimpeler, M. Mangold, & W. Schweiger, *Die digitale Herausforderung* (S. 209-223). Wiesbaden: VS Verlag.

[Oli08]
Olivier, H. (03. 10 2008). *Universität Hannover.*
Abgerufen am 01. 05 2009 von Multiversen - Hype or Hope for CSCW?: http://www.iwi.uni-hannover.de/images/file/DoKoSON08_Vortraege/Olivier_Doko%20Niedersachsen.pdf

[Pot07]
Potinius, T. (16. 06 2007). *Universität der Bundeswehr München.*
Abgerufen am 01. 05 2009 von Massively Multiplayer Games - Computer Supported Cooperative Play: http://www.unibw.de/inf2/getFILE?fid=1901366

[Sei06]
Seifert, R., & Jöckel, S. (2006). Die Welt der Kriegskunst. In T. Quandt, *Die Computerspieler* (S. 297-311). Wiesbaden: VS Verlag.

[Tho07]
Thon, J.-N. (2007). Kommunikation im Computerspiel. In S. Kimpeler, M. Mangold, & W. Schweiger, *Die digitale Herausforderung* (S. 171-180). Wiesbaden: Vs Verlag.

[Wik09]
Wikipedia.de. (2009). *Wikipedia.*
Abgerufen am 17. 04 2009 von http://de.wikipedia.org/wiki/MMORPG

www.ingramcontent.com/pod-product-compliance
Lightning Source LLC
LaVergne TN
LVHW042315060326
832902LV00009B/1501